不完美，也很好

找回心靈能量，遇見更好的自己

「最受世界尊敬的100位日本人」

枡野俊明｜著　江宓蓁｜譯

前言

本書的主題是「守護心靈的方法」。
守護心靈的方法只有一個。
就是讓內心變「柔軟」而非變「堅強」。

禪學稱這樣的心態為「柔軟心」。

所謂「柔軟心」，顧名思義就是心靈不執著。亦即對事物的看法不會局限於「應該要這樣」「非這樣不可」的單一角度，而能根據不同的狀況和對象，彈性的做出改變。

為什麼這種心態很重要？

因為不管內心多「堅強」，只要身處在這個壓力鍋社會，就一定會受傷，甚至遭受重挫致無法振作。無論用多厚重的外殼保護自己的內心，也不可能彈開所有壓力，依然會有感到不安、迷惘和憤怒的時候。

確實，堅強的內心可以幫助我們「彈開」壓力。但有的時候，選用巧妙的方法去「接受」或「帶過」壓力，也是有必要的。

我們可以讓自己的心像天空中輕柔的雲朵般飄浮。當風從南方吹來，雲就往北飄；若吹的是東風，便朝西流動。只要仿效「雲的存在方式」，心想「不管發生什麼事，都順其自然，不必勉強對抗」，心情就會變得輕鬆自在。那些令人討厭、生氣、煩躁、沮喪的事情，就不會給心靈帶來太過沉重的負擔。

但是，懷抱柔軟心並不是要你逃避現實，我們還是要看清楚風到底往哪個方向吹——絕對不要逃避現實。確實掌握風向後，再順風而行，才是真正有彈性的應對方式。

接下來，你就會發現眼前的世界突然變遼闊，視野也變寬廣了。這時候，就可以用穩健的心去思考現在該怎麼做，並採取實際行動。

另一個重點，就是向「大自然」學習。例如山茶花，越靠近北方，花朵就越是開在葉子下面，靠葉子擋住風雪；越靠近南方，則是長滿茂盛肥厚的葉子，據說是為了避免陽光直射樹皮薄弱的枝幹。植物因為無法移動，所以會運用柔性的方式適應自然環境。

不只山茶花，我們其實可以在大自然中找到無數個與人類生存方式互通的啟示。

當被現實捉弄得內心快被壓垮，請抬頭看看天上的雲朵，把注意力放在大自然上吧！捨棄那些讓人心煩意亂的得失損益、高低優劣等負面情緒，重新回歸人類身為大自然一分子的運行當中，這麼一來，絕對可以守住自己的內心。

由衷希望本書能為所有想要樂觀前行的各位，指引出一個更好的方向。

建功寺方丈室　**枡野俊明**

目錄

CHAPTER 2

不要勉強自己
——才是「珍惜自己」的方式

CHAPTER 3

不要馬上就想和人分勝負

——用「自己的標準」好好過活

CHAPTER 4

不要為了小事生氣——避免消磨內心的訣竅

CHAPTER 5

不要一直死氣沉沉——沮喪沒關係，但是要快點振作起來

CHAPTER 1

首要之務，不要討厭自己

——「守護內心」的重要原則

1

不要「全面否定」自己

「守護內心」的基本功

如果只注重結果，人生就會變得苦澀

現代社會過度追求「迅速做出成果」，所以一旦發生「結果以失敗告終」的不幸情況，我們沿路上孜孜不倦的努力過程就會被人忽略，不受重視。

這種情況會讓人感覺自己被澈底否定，內心嚴重受創，甚至失去了「下次繼續努力」的動力。

既然如此，何不試著把目光從結果轉移到過程上？別把結果單純視為「一百分或零分」，可以有「三十分」「五十分」或「七十分」，這樣就能察覺「到這個階段仍進行得很順利」「應該是這裡判斷錯誤」「好像從一開始就出問題了」等細節。

接著，建立「下次要注意這個地方」「用其他方法試試看」等改善方法。只要能找到新的課題或注意的重點，就會湧現出想挑戰的欲望，進一步培養「一定可以順利進行」的自信。

如果只注重「結果」，內心就容易感到難受，人生也會隨之變得苦澀。

2

不要太認真看待「打回票」

最重要的是

保持冷靜

在心情盪到谷底前應該做的事

無論工作還是私底下，如果自己做的某件事被人「打回票」，我們都會覺得很受傷。

可是，完全沒有必要為此感到沮喪，畢竟對方也不是否決了一切。當下最重要的是先冷靜下來，仔細想想，「到底是哪裡被人打回票？真的完全不行嗎？」不要覺得自己被全盤否定，否則容易陷入停止思考的泥沼。一旦停止思考，就無法採取行動、向前邁進。

我們必須冷靜思考該如何把事情做到最後。只要做出更好的結果，或許就能讓「打回票」有翻盤的機會。抱著這樣的心態繼續努力很重要。

類似情況並不局限於「打回票」。無論遇到什麼討厭的事情，都不可以停止思考。確實理解目前的情況，並且冷靜下來好好想一想，才不會讓心靈僵化停滯，而能繼續向前邁進。

3

不完美沒有不好

這個世界上
根本不存在完美

別再怪自己「不夠努力」了

對於「完美」「完璧」的概念，禪學抱持否定的態度。只要和西方美學觀進行比較，就能馬上理解這一點。西方世界認為，左右完全對稱是無法再行增減的「完美之美」。

然而，以禪學為立足根基的日本美學，則是先澈底破壞了那份完美，再加進個人的想法和人性特徵等。例如抹茶碗，即使形狀歪斜或色澤斑駁，仍被視為「不完整的美」而受到珍藏。

禪學也認為「世間萬物皆不完美」。換句話說，無論走到何處，前方仍有努力可達的世界。

因為努力沒有終點，所以努力永遠不夠是理所當然的。不是因為「不夠努力」導致事情發展不順，而是不管事情順不順利，都有繼續努力的空間。

從這個觀點就可以知道，根本不須把事情發展不順怪罪於自己不夠努力，甚至為此陷入低潮。立志達成「不完美的完美」，才更值得尊敬。

4

不要讓自卑情緒糾纏不清

好與壞只是

一體兩面

雖然懦弱，但我知道如何溫柔待人

「你喜歡自己什麼地方？討厭自己什麼地方？」

被問到這種問題時，若能回答出很多喜歡的地方，就是擅長「守護內心」的人。因為喜歡的地方越多，越容易產生「想把這些特質活用在各種地方」的想法，表示內心是向外開放的。

然而大多數人都對自己討厭的地方滔滔不絕，說到喜歡的地方，卻是「嗯……」的沉吟半天。例如「我討厭遲鈍的自己、懦弱的自己、笨手笨腳的自己」等。

這樣一來，內心就會一直滯留在自己討厭的特點上，無論怎麼掙扎，心靈都會失去自由。

為了避免發生這種情況，請試著轉換正反兩面，朝正向思考吧！例如「雖然遲鈍，但我懂得慎重行動」「雖然懦弱，但我知道如何溫柔待人」「雖然笨手笨腳，但我努力到最後一刻」。如此一來，被自卑情緒糾纏的心靈就能獲得抒解，讓人變得積極樂觀。

5

關注自己所「擁有」的

守護內心的
自我評價法

扣分法不會讓你喜歡上自己

進行自我評價時，人往往會著重在自己不擅長的地方，而且個性越認真的人，越是如此。

為什麼會這樣？最主要的原因是「如果沒有在各方面都很優秀，就不會獲得讚譽」這個錯誤觀念。

我不會說這個想法「荒謬」，但是放任不拿手的事情繼續不拿手，其實也沒什麼不好。因為對於不拿手的事情，不管再怎麼努力也很難取得成就，同樣付出十分努力，別人可以拿出十分成果，自己卻只有七分，最後因此陷入低潮，變得討厭自己。

相反的，如果做自己擅長的事，可能只要付出七分努力，就能獲得十分成果，成長速度很快的，做起來也比較開心。

所以，請用「加分法」來評價自我吧。如果已經擁有可以獲取高分的能力，就用它的成長連帶提攜其他負分。比起在自己不擅長且厭惡的地方努力，做自己擅長的事可以讓我們獲得更多成長，也更喜歡自己。

6

從容帶過他人的汙辱

不管被說什麼
都能不動如山

非常感謝你的寶貴意見

「傷人的話語」中，隱含著「為了讓自己獲得優勢，所以就貶低對方」的內涵。尤其是能力相差無幾的競爭對手，特別容易產生想要不擇手段把對方踢下谷底的想法，導致對方發生一點小錯誤就挑出來放大，並且高調宣稱：「你這樣的工作態度，實在讓人無法信任你」。也有人會故意重提過去的失敗，表示「要是像那個時候一樣失敗就頭大了，跟你一起工作真是可怕」來汙辱對方。

當聽到這些言論，不要輕易把它當真，要冷靜思考：「為什麼他要用這麼惡劣的態度責罵我」，這樣就能察覺到對方膚淺的競爭心態。沒有必要為此受傷，連回嘴反駁都嫌無聊。全力做到「不認真以對」，然後從容不迫的回答：「謝謝你的寶貴意見。」如果覺得「確實有一絲道理」，就把那些話當做讓人成長的食糧。因為在某些意義下，這些特地跑來傷害自己的人其實也在促進自己成長，值得感恩！

7

沒同理心的人很可憐

如何應對

「沒良心的人」？

把自己看不慣的人當成「反面教材」

延續上一節，「傷人的話語」也包括沒考慮對方心情就說出口的沒神經的話。例如天災發生時，有人說出：「看到電視了嗎？很厲害耶！好像電影一樣，感覺超興奮！」之類的輕佻言論，也有人覺得有趣而拍下照片或影片，這是因為他們對於受災者的辛酸和痛苦毫無同理心。

我們無須在意別人對自己說出這種沒良心的話，因為這些人說出這些話之前，肯定沒經過大腦，我們只要把他們當做是「沒神經的人」「輕浮的人」「可憐的人」就好。

重要的是，我們應該小心注意自己是否做出類似的發言。現代人常常會在社群網站上吐出大量空虛言詞，不知是想藉由標新立異來獲得關注，還是想到什麼就發表什麼的行為已經變成習慣，總之對話內容都太輕浮了！

聽聞某些事情的時候，請記得站在對方的角度多想想。仔細思考再發言，說出來的話才會有分量。

8

不要逞強

與悲傷、困苦

「同成一味」

沮喪沒關係，但是要盡快振作

當信眾家中有人過世，我通常都會對前來參加葬禮的人說：「親人或朋友過世真的非常令人難過，再也沒有比這更傷心的事了，所以請盡情流淚吧！先讓自己擁有一段可以澈底悲傷的時間，再慢慢思考應該如何繼承他們的遺志。」

日本人深信在人前哭泣是一件很丟臉的事，所以不只男性，連女性都有強忍淚水，展現堅強性格的傾向，但這樣是不行的。

禪學有個觀念是「同成一味」。無論悲傷、艱苦，還是開心，最重要的是和當下的感情融為一體，堅持到最後一刻，然後在下個瞬間切換心情繼續活下去。如果不這樣做，當時的感情就會一直徘徊不去，一輩子活在糾結之中。

陷入沮喪時也一樣，不要覺得「沮喪很丟臉」，請讓自己沮喪失落到谷底吧！這樣反而能更快重新振作。重點不在於不可以沮喪，而是「就算沮喪也要盡快振作起來」。

9

不要對他人卑躬屈膝

也不要

對他人頤指氣使

以「人」的身分，和所有人對等來往

商場上的交易往來常出現「發包業者居上位，承包業者居下位」的立場關係。如果這份認知太強烈，工作態度就會因為交易對象不同而不斷變來變去。

若是站在承包者的立場，就會對發包對象謙恭有加，卑躬屈膝到額頭都快貼到膝蓋上——過於謙恭，會扭曲自己的內心。

如果是站在發包者的立場，就會對承包商頤指氣使，讓人不敢恭維。既然是商業往來，雙方就應該講求互相對等，沒有「我拿你工作就應該卑微、你給我工作就可以蠻橫」的道理。

在商業往來的人際關係中，最好不要因為合作對象不同而改變態度，以對等之「人」的身分一視同仁才是最佳做法，而且不管位在哪一個立場，都要懷抱著「非常感謝您將工作委託給我」「非常感謝您願意接下這份工作」的感恩之心。

10

我也是不能小看的

提升「自我肯定」的方法

當事情順利進行，就對自己說這句話

我始終認為，現在的教育已經變成「以平等為名的不平等」，因為所有科目都只把目光放在「讓大家都拿到平均分數」而已。

雖然在高中入學考之前獲得基礎學力和知識很重要，但在那之後，能力會出現此消彼長的情況，所以最好能以此為前提，盡可能發展優點。將發現優點的機會平等分散給所有人，我認為這才是真正的教育平等。

一旦習慣了「平均分數教育」，就會越來越介意「平均分數以下的自己」，到最後會搞不清楚自己的優勢到底是什麼。

每個人都有各自擅長的地方。為了對這一點產生自覺，不妨試著把「我也是不能小看的」這句話當做口頭禪。任何小事都可以，當事情發展順利，就小聲對自己說：「我做得真好，果然不能小看自己！」若能藉此找出許多「能幹的自己」，就會漸漸提升對自我的肯定，並且喜歡上自己。

11

坦率的表示開心

讓內心變開朗的方法

謙虛要適可而止

任何人受到誇獎都會感到開心，如果有人誇獎自己，就敞開心胸大方接受吧！可能是因為日本人比較謙虛，覺得受人稱讚時要虛心謙讓才是美德。

謙虛並不是壞事，但是過度客氣會變成一種諷刺。當自己做出了所有人一致讚賞的成果，卻表示：「不、不，這不是什麼值得誇獎的事。」對方肯定會翻白眼給你看。我們可以回答：「謝謝，將來我會繼續努力。」用坦率開朗、積極樂觀的態度表現自己的喜悅之情。

如果對方的讚美真的言過其實，或者其實是語帶譏諷，則可以用一句簡單的「謝謝」，躲開對方埋藏在讚美當中的惡意，避免自己正中其懷。

另外，我們不能一直沉浸在被人誇獎的歡喜滿足之中，更不能得意忘形的將功勞通通歸諸於己，記得感謝旁人的協助，說聲：「謝謝，都是因為有大家的支援，才能做出好成果。」

12

在「所處的位置」上發光發熱

一個人的價值
是用「時價」來判定的

乾脆且澈底的拋開過去

隨著年紀漸長，人會越來越愛提起「過去的豐功偉業」。例如在同學會上挺著胸膛自誇：「再怎麼說我也曾做到經理的位置！」或是抓著年輕下屬說教：「以前我這樣做，做出不少厲害的成果，你就用這個方法試試看！」

或許是年輕時費盡辛勞才獲得了值得自豪的成果，所以想要反覆回味。這樣的心態可以理解，但是這種行為只會讓自己變得更卑微，而且讓周遭的人厭煩不已。最慘的是被人想成「這人除了往事，沒其他東西可說」，導致自己的評價越來越差，「過去的豐功偉業」也跟著失去光芒。

這種人就是所謂的「討厭鬼」。若是站在客觀角度審視這樣的自己，肯定沒辦法喜歡上自己。

禪語有句話叫「放下著」，是勸戒人們不要被過去的成就或名聲所束縛，已經過去的事物，應該澈底拋開。人的價值本來就是以「時價」來評量，請時時不忘藉由「現在的工作態度和生存方式」，讓自己發光發熱。

13

捨棄無謂的自尊

大氣量和小氣量的分歧點

隨著地位越來越高，必須更謹記於心

「我的自尊不允許自己在大眾酒場喝酒。」

「我也是有自尊的，打雜的工作我不做。」

「賭上我的自尊，我的判斷絕對沒錯。」

類似的言論不絕於耳。這是不是迫切想展現出「自己的階級比較高」呢？但在我看來，比較像是在表現自己有多麼沒自信。

以剛剛提到的例子來說，若是死守這份莫名的自尊，可能會錯失「在大眾酒場度過的愉快時光」「在打雜工作中才能獲得的靈感或經驗」「從錯誤判斷中衍伸出來的可能性」，也會讓自己的氣量變得越來越小。

隨著地位提升，許多人的行動力變低，也漸漸遠離基層，但這樣只會讓成長停滯。此時唯有捨棄自尊，才能讓自己的氣量增大。至於「對自己的工作和生活態度感到自信與自豪」的自尊當然十分重要，不可以和無謂的自尊混為一談。

14

不要助長壞事

「隱瞞」會侵蝕心靈的健康

不要隱瞞錯誤的事情

偽造決算報告、竄改食品產地或保存期限、捏造品管資料、由非專業人員進行勘查檢測等黑心企業的醜聞總是層出不窮，他們明知有許多企業因此受到嚴重打擊，卻僥倖認為自己做壞事不會被發現，所以仍恣意妄為。但佛語說：「惡因惡果。」錯誤的事一定會被發現。

會做出這種黑心行徑的原因，我想應該是被營業額數字所控制，例如「再這樣下去沒辦法達成目標」「再這樣下去庫存沒辦法負荷，損失會擴大」等，工作時只看數字正是問題所在。

我認為工作必須是「為世界、為群眾」，只要切記這一點，數字結果自然隨之而來。做壞事會侵蝕心靈的健康，讓人提心吊膽，也讓人生慢慢步向黑暗。

15

專注在單一事物上

向專心致志的人學習

「堅定不移」的態度

「只有這點絕不輸人」的人極為強大

由我擔任住持的建功寺從幾年前開始增建本殿，在選擇建材方面尤其受到奈良縣佐藤木材這間公司的照顧。那間公司的董事長曾說：「我是『木材痴』，其他事情都不是很懂。」

這句話實在太棒了！換句話說，只要是關於木材，他絕對無人能敵。實際上，這間公司也有供應一種叫做「白太」的木材，是削掉木材容易被白蟻蛀蝕的白色部分，品質無人能出其右，價格也高到讓人卻步，但他依然抱著堅定不移的信念，持續提供最高品質的木材。

像這種不斷磨練單一特殊能力的人，意志都無比堅定。他們對於「自己很多事情做不來」這件事相當寬容，所以董事長身邊才會聚集了許多在不同領域擁有一流技術的「協助者」。我認為現代人對「有些事情做不來也搞不懂的自己」實在太嚴苛了，與其朝著十項全能努力，不如對「只能做到一件事情的自己」更寬容一點。盡可能鑽研自己能做到的事，剩下的就請其他能做到的協助者幫忙。

16

不鬧彆扭，不生氣，不抱怨

就算大吵大鬧，
也無法改變現狀

沒有「行動」，就無法改變現狀

有些人只要發生一點不如意的事，就會開始鬧彆扭，或是突然暴怒、大哭大鬧、四處向人抱怨。

他們為什麼要用這種方式表現自己的情緒？我想是「為了讓別人認同自己」吧！使勁告訴周遭的人：「我明明付出這麼多辛勞」「我都努力這麼久」，希望別人對自己說聲：「辛苦了」「你已經很努力了」「那樣真是太沒道理」。

至於這樣做能不能讓自己的心平靜下來？答案是否定的。無論怎麼鬧彆扭、生氣和哭叫，沒有行動，就無法改變現況，只是讓討厭的思緒在自己的內心裡打轉。

因此，首要之務是先查明並理解「讓心情不好」的原因，然後做出行動改變現況，這樣才能真正解決問題。

17

「認真」做事

不陷入「自我厭惡」的方法

盡全力的人不會後悔

當事情結果不如己意，我們常常會變得討厭自己，心想：「要是那樣做就好了，自己實在一無是處。」

換個比較嚴格的說法，會那樣想其實就代表我們有很多該做的事情沒做。如果真的認為自己已經全力以赴，心裡就不會那樣想了。無論結果如何，都會接受現實，覺得「哎，算了」「就這樣吧」「沒差」。

我經常對人說：「如果沒有拚命努力到成功時流下喜悅之淚、失敗時流下悔恨之淚，心情就沒辦法變得輕鬆無負擔。沒有流淚，代表你沒有認真看待這件事，或是沒有盡全力。」

我們需要避免的是明明沒付出多少努力，但看到結果不佳時仍然覺得「哎，算了」的情況。只有在已經全力以赴卻沒有好結果的時候，「哎，算了」「就這樣吧」「沒差」，才會成為預防陷入自我厭惡的「強心劑」。

18

再痛苦也要向前邁進

如何成為「堅強」的人？

向寒帶地區的檜木學習，刻下美麗年輪

因為不想受到傷害就避開所有困難或厭惡的事，緊緊封閉心靈，結果只會讓內心變得越來越禁不起打擊，漸漸打造出遇到任何小事就會受傷、受挫的玻璃心。

當我們陷入低潮，甚至遭受幾乎無法振作的傷害，都應該繼續向前邁步。就像寒帶地區的檜木，雖然嚴苛的自然環境使其成長速度緩慢，但年輪的間隔極窄，可加工成堅硬紮實的木材；在溫暖地區長大的檜木雖然成長速度快，但年輪間隔較寬，很難製成好木材。

人也一樣，在艱困環境中成長的人會比不斷逃避困難的人更加堅強。因為經歷過各種磨難的洗禮，心靈會被鍛鍊得韌性十足，刻下一道道屬於自己的美麗年輪。

希望大家也能像寒帶地區的檜木一樣堅強的活下去，這就是我的願望。

19

凡事都要「放入真心」

希望不擅言辭的你

知道這一點

禪宗「不立文字」的教誨

「不立文字」是一句禪語，指「最重要的事情無法透過語言或文字傳達」。相信一定有人因為自己「不擅長講話，想說的事連一半都表達不出來」，而感到自卑或是討厭自己。但其實，「只要有心，就一定可以傳達給對方」，所以請對自己有自信一點。

重點在於，「把心裡的想法投注在什麼都沒有的地方」。例如在對話中，適情況保持「沉默」；在平面空間裡，預留一些「空白處」；在行動上，安插休息的「空檔」。

舉個例子，當我們和上司或下屬進行溝通，先把心裡的想法誠心誠意的轉化為語言，就算說得結結巴巴也沒關係，剩下無法用言語表達的部分可以用「沉默」來代替。把「相信您應該能理解」「你應該懂吧」的想法，以直視對方雙眼的方式傳達過去。這時的「沉默」會比任何言詞都能滔滔不絕的表達出你的想法。

「擅於表達」的人並不是擅長說話的人，而是「想傳達出去的意願極強」。凡事都放入真心，才是最重要的。

CHAPTER 2

不要勉強自己

——才是「珍惜自己」的方式

20

摘掉「好人」的假面具

選擇不會迷失

自我的生存方式

你，到底是誰？

「為了貼近人心而做體貼的事」，以及「為了討對方歡心而做事」，這兩者看起來很像，實際上卻迥然不同。

前者是站在對方的立場來思考，為了不傷害對方，也為了讓對方開心，所以自主性的採取行動。行動的主體是出於自己的欲求，在這層意義上非常了不起。至於後者，則包含了「想展現自己更好的一面」的「私心」，因此會在無意識下對「自己想要如何做」的想法視而不見。

再者，如果對方有十個人，為了成功表現出讓十個人都滿意的行為，就要有十個自己的分身。而且為了顧及對方的反應，常常會忽略內心真實的感受，把自己偽裝起來。

這不僅非常累人，還會漸漸迷失自我。所以別再理會對方的反應，放棄配戴「好人面具」吧！如果還是忍不住在意周遭人的反應，就告訴自己：「珍惜我最原始的心意來行動吧！因為人生的主角是我自己。」

21

不要成群結黨

這樣做可以
守護你的自由

與群體疏離不完全是壞事

意氣相投的人組成小團體，在私底下交談加深交情，這本是一件好事。只是，每當我看到年輕人沉迷於社群網站所做的事，還是會忍不住想：「會不會太超過了？」

例如回文太慢而被朋友排擠，或是因為一點小事就被當做攻擊抹黑的目標。由於害怕自己會變成邊緣人，所以「無論如何都得對群體成員展現好臉色」，失去了依照自我意願行動的自由。

其實，在社群網站上被人孤立也沒什麼關係。因為和他人成群結黨不會讓心靈得到平靜，反而會擾亂內心。除去想要依賴群體的想法，才能不被周遭所惑，保持平穩的內心。

「一旦把心放在世俗，就免不了被它迷惑，失去自主。比如和別人交談，總想博得別人的好感，就做不到言為心聲了。」*這是《徒然草》第七十五段的著名文章。真不愧是兼好法師，說的真好。不要成群結黨，才能感受到「活著的自己」。

*註：譯文引自《徒然草：吉田兼好的散策隨筆2016年全新譯註版》（時報出版）。

22

不要窮忙

不要讓內心因忙碌而死

看清楚「忙碌」的真面目

有些人一天到晚都在喊：「忙死了！忙死了！」原本以為他們會因忙錄的生活而感到洩氣沮喪，但令人意外的是，他們大多數時候看起來都蠻高興的，甚至有點驕傲。現代人的腦袋裡似乎存有「忙碌＝優秀」「忙碌＝受人歡迎」的方程式，所以才會滿腦子只想著展現自己的忙碌。

說穿了，這其實只是自我滿足而已。忙得昏天暗地，再裝模作樣的說：「怎麼樣，很厲害吧！」有個說法叫做「窮忙」，平常總是手忙腳亂、忙碌不堪，好像自己是一個受社會重視的人，但真正有本事的人連「忙碌」的「ㄇ」字都不會說出口，而是默默且迅速的完成自己的工作。

「忙」這個字寫做「忄」和「亡」，即「內心死亡」的意思。「忙」就是這麼恐怖的一件事，會不斷侵蝕心靈的健康。因此，當有人客套的問起：「最近忙嗎？」最理想的狀態就是能從容回答：「不，其實也還好。」

23

騰出空白時間

別用毫無意義的
雜事消磨人生

不要將行事曆填滿

有位經營者曾說：「我在排定行程的時候，第一件事就是把最重要的工作——『思考時間』排進去」，例如「星期一下午、星期三整天和星期五上午沒有安排任何行程」。雖然這些時間最後還是會被生活瑣事蠶食鯨吞。

身為一個忙碌的現代人，總是會用各種預定行程拚命填滿行事曆，甚至有人只要一看到空白，就想塞點東西進去。如果你現在手上的行事曆就幾乎沒有空白，最好趕快修正一下自己的想法。多騰出一些空白，利用那些時間來檢視自己，否則人生只會被一大堆毫無意義的雜事消磨殆盡。

正因為這個時代的變化如此劇烈，所以才要一邊想著過去和未來，仔細思索自己應該如何生存下去。

不妨設定一個「休肝日」，讓自己有一天時間「排手機毒」。每個現代人都應該讓平日飽受手機擺布的內心可以好好休息。

24

偶爾不講義氣也是情非得已

要懂得學會「拒絕」

覺得提不起勁就不要勉強

隨著社群網站越來越發達，結交朋友的數量也像火箭般竄升，其中應該有不少人從來不曾在現實中見過面，也不曾說過話。

一旦和人有所牽連，就一定會發展出某種人情道義。例如對方約你出去喝酒你拒絕不了、邀請你參加對方舉辦的活動你拒絕不了、所有婚喪喜慶都必須出席等。被人情過度束縛，只會讓自己疲於奔命。

不用覺得自己要對所有朋友負道義上的責任，尤其是「天生無法說不的人」，以及「沒有經常在朋友聚會上露臉，就會覺得不安的人」。這些人只要做了一點不講義氣的事就會覺得內疚，但欠缺一點道義其實不要緊。根據雙方交情的深淺，來判斷哪些是應盡的道義，哪些是不必要的道義，才是重點所在。

別再在意別人會不會覺得自己很難約，把基本方針換成「提不起勁就拒絕」吧。拒絕多次之後，邀約自然慢慢減少，「道義上的往來」也會跟著漸漸消失。

25

重新檢視「只是習慣」的來往

「終結人情」的方法

年紀大了之後不要感冒、不要跌倒、不要管人情

延續上一節，我的一個醫生朋友總是對高齡患者說：「年紀大了之後不要感冒、不要跌倒、不要管人情」，因為年紀大的人一旦跌倒受傷，可能就再也下不了床。而且「與人情道義有關的意外」也時有所聞，例如「附近有人去世，身體狀況明明不好，卻還是堅持過去幫忙守夜，結果就跌倒了」。

我可以理解遇到親戚朋友的婚喪喜慶時不想失了禮數的心情，可是年紀大了之後，最重要的應該是守護自己的健康，就算不親自參加，還是有很多方法可以傳達自己的心意。

除此之外，有些人可能會有好幾個「幾十年來『只有寄賀年卡』交情」的朋友。如果有一天，寫卡片變成了苦差事，直接寫上「請容我擅自決定今年是最後一次寫卡片」，也不會怎樣。比起沒完沒了的拖延，這個做法說不定可以製造出睽違數十年的見面機會呢。

26

用身體記住自己的極限

「適可而止」的學習提示

接受以及超越極限的方法

年紀尚輕的時候喝酒，剛開始完全不知道自己到底可以喝多少，若不小心意氣用事，最糟糕的情況大概是急性酒精中毒送醫急救。就算沒發展到那個地步，也會造成身體不適或是做出出格的行為。超越自己可以承受的極限，害自己醜態畢露並不是什麼稀奇的事。

為了避免發生這種情況，我們必須事先知道到哪種程度會造成自己身體和精神出現何種異常。透過多次失敗經驗，讓身體記住自己的極限，掌握「今天就此打住」的界線。

工作也一樣，如果沒有衡量自己的能力、體力，一個勁的埋頭猛衝，恐怕身體和內心都會承受不住。知道自己的極限，決定「這次就努力到這裡」很重要。

有些人可能會覺得無法突破自己的極限，實際上正好相反。只要在每次到達極限後，將那條界線稍微提高一點點就可以了。所謂的極限，可以透過目標設定不斷超越。

27

暫時休息一下

人生也需要「轉角處」

橫衝直撞會讓人看不清自我和周遭

大部分的樓梯都會設置「轉角處」。想像一下，攀爬一百階、二百階的樓梯是多麼累人的事，如果沒有「轉角處」，就無法找機會休息。

因此我們必須珍惜樓梯的轉角，努力爬完轉角處前的所有樓梯，告訴自己：「稍微休息一下」，然後深呼吸。一個小動作就能讓人馬上恢復精神，心情和腳步變得輕盈起來，可以繼續往上爬。

試著在人生各種場合中發揮這種「轉角處效果」，尤其現代人容易出現「橫衝直撞不休息」的傾向，更應該刻意穿插「休息時間」。站在「轉角處」休息的時候，可以回頭審視自己一直以來的行動，環顧四周，思考接下來該如何前進。

如果一直橫衝直撞沒休息，總有一天會看不清自己和周遭。記住，「只要累了就稍微休息」，不要勉強自己，穩穩的踏出每一步。

28

給自己放一個長假

提前完成預定工作

只要有心，其實可以休息很長一段時間

「忙到沒辦法請假」「假日也要上班，疲勞和壓力不斷累積」「一想到考績會被評低就不敢請假」等言論總是不絕於耳。

但事實真是如此嗎？難道不是因為自己沒去請假而已？只要意識到這一點，很快就會發現，「只要有心，其實可以休息很長一段時間」。

工作都有「忙碌週期」。掌握週期的頻率，然後決定「等這個專案結束後就請假，來個五天旅行」，如果按照平常的做法只能請兩天假，那就試著提早結束工作。

大部分人都會把截止日前的所有時間通通用在完成工作上，可是如果能提早完工，就可以把節省下來的時間轉變成休假。不妨從這個觀點出發，積極獲取休假機會，提前完成預定工作，順利獲得休假。

29

試著早起十分鐘

美好的一天

由「早晨」決定

活動之前保留一段寧靜的時間

我每天都過著幾乎沒有休息的生活，卻也幾乎不會感覺到「疲倦」。這或許和我每天都以平靜的心情開始一天的生活有關。

我的起床時間是早上四點半左右，首先繞寺一圈，打開所有門窗，然後參拜境內的地藏菩薩和神明，接著參拜開山祖師和歷代住持的墳墓。供奉上早上第一泡香氣最濃的茶葉後，寺裡所有人就會集合起來一起坐禪，大聲誦經，結束這些晨間事務後再吃早餐。

我覺得這些「晨間事務」非常有效的調節自己即將度過一天的身體與心靈。

各位不妨也試著提早起床，只要比現在早十分鐘就好。打開窗戶做一個深呼吸，順便打掃一下庭院，然後打坐五分鐘，舒緩身心的緊張感，讓自己自然而然的進入「活動模式」，度過美好的一天。

30

看透自己與他人的「契合度」

自己是否變得
八面玲瓏？

和那些跟自己合不來的人保持距離

人與人之間的相處有所謂的「契合度」，跟合得來的人來往，心情會比較輕鬆。可是我們難免會覺得：「不能總跟合得來的人來往，跟合不來的人相處，也可以學到很多東西吧。」

所以有很多人會嘗試跟所有人打好關係。

這不是壞事，但最好不要勉強這麼做。即使對方是一個很優秀的人，但如果跟對方在一起覺得累，就應該與之保持距離，或是盡可能避開。

這個世界上有很多種人。有些人說話像機關槍，有些人緘默不語，有些人喜歡自吹自擂，有些人總是表現得很樂觀，有些人只會說悲觀的話……和不同的人來往沒有「好壞」之分，也沒有得失損益。

真正重要的是契合度。如果和對方在一起很快樂，能重振精神、放下防備，就可以試著拉近距離、加深彼此的親密度。

31

不要過分依賴機器

智慧型手機
帶來的危險是什麼？

不要失去身為「人」的能力

我之前到日本四國的時候，一位住在五劍山山腳下的人突然對我說：「那座山上開始有雲霧環繞，風也帶有溼氣了，可能再過一個鐘頭就會下雨，我們早點移動到下個地點吧。」

當地人這麼說，十之八九是對的，因為他們敏銳察覺天氣變化的能力，是透過經驗與感覺長期磨練出來的。然而，我們這邊的成員卻迅速瞄了手機一眼，隨口回答：「不，沒問題的，天氣一直都是晴天。」

至於結果呢？果然和當地人說的一樣，不到一小時就開始下大雨。這件事告訴我們：人不同於機器，能夠透過天空的顏色、雲的顏色和流動方式，還有風的氣味等現象，感受到天氣的變化。

近年來，原本由人類判斷的事物大量變成由機械負責。雖然使用起來很方便，但是過度依賴機器，人類的感官能力就會有生鏽退化的風險。請不要讓自己根據經驗、直覺做出判斷的機會繼續減少，因為全部交給機器來做是很危險的。

32

慎選商量對象

「疑神疑鬼的時代」

所需的必備知識

不經意的「推文」是傷害的源頭

社群網站上的訊息擴散速度快得嚇人。如果是「有人正在遭受困難，大家一起伸出援手」之類的訊息倒還好，畢竟這樣可以在人世間推廣善行。

但如果是「抓人痛腳」似的，把原本微不足道的失敗或失言挑出來放大，又會如何呢？或許剛開始只是小小的推文，但有可能立刻引發聲勢浩大的譴責。

任何人都可以輕鬆透過社群網站向不特定多數人發表自己的想法與意見，這確實是不錯的溝通管道，但我們也應該避免毫無防備的曝露自己的內心。

說來悲傷，在這「疑神疑鬼的時代」，有時候「不知道誰會故意抓自己言行的痛腳」，所以如果想透過社群網站發表言論，就必須將這一點視為大前提。話說回來，當真的有重大事情發生，慎選商量對象才是正確做法，不特定多數人真的「不適任」。

33

不要全部攬在自己身上

擁有可以推心置腹的朋友

艱難時刻的「心靈支柱」

遇到麻煩時，很多人都會嘗試自己一個人解決，因為他們「怕造成別人的麻煩」「不想讓任何人知道自己遇到麻煩」。

在這種情況下，只會一直找不到解決問題的突破口，心情越來越沉重。如果不能把煩惱、苦水和悲傷向外傾吐，內心就會慢慢衰弱。

上一節說的「慎選商量對象」就是針對這個時候，人人都需要可以推心置腹、無話不談的朋友。只有平日就用真心話交談，把對方當成分身般深入來往的朋友，才能在艱難時刻成為彼此內心的支柱。

這種熟知彼此發生什麼事的朋友不需要太多，一、兩個就夠了。不要在社群網站上找，而是透過實際的交流互動，努力培養出良好的關係。

34

停止沒完沒了的煩惱

想再多也只是浪費時間

避免陷入無限空轉

「怎麼辦好呢？怎麼辦好呢？」

類似的句子是否曾在你的腦中不斷打轉？

一旦發生麻煩事或令人擔心的事，我們常常會不知所措，「為了煩惱而煩惱」。

如果煩惱可以解決問題、讓事態好轉，那就去煩惱吧！如果不行，最好趕快停止煩惱。

雖然還不至於「想再多也只是浪費時間」，但如果一直想不出好方法，再怎麼想也只是虛度光陰。

煩惱會產生「負面情緒的連鎖反應」，所以什麼都別再想了，「強制結束」煩惱，並且告訴自己：「現在，先把可以做的事做好。」

不管做什麼都好，只要讓自己動起來，通常就能找到解決問題的正確方向。

35

不要堅持己見

在「鬥爭」中

保護自己的方法

應該禮讓之處就禮讓

前陣子，日本相撲界發生了驚天動地的大事。事件起源於當時貴乃花親方*的弟子貴之岩遭到前任橫綱日馬富士施暴，貴乃花親方沒有通報相撲協會，而是直接向鳥取縣警方提出傷害證明，並且拒絕接受協會的調查。貴乃花親方說自己受到協會方面的壓力，協會則表示並無此事，雙方你來我往，各執一詞，最後貴乃花親方辭去了相撲協會的職務。

雖然不清楚事件的真相，但能肯定的是，貴乃花親方和八角理事長所率領的相撲協會都太堅持自己的想法了，雙方固執己見，完全不打算傾聽對方的理由。

「自己應該這樣做」和「別人應該那樣做」兩者不見得相同。如果不在應禮讓之處向後退一步，兩方永遠都是平行線。到時候只能靠第三方出面，把雙方硬得像石頭的腦袋敲鬆一點了。

*註：親方，日本培訓相撲力士組織中負責經營管理決策的核心人物，多由退役大相撲力士出任。

36

時常更新常識

遠離「應該這樣做」的想法

冥頑不靈只會自找罪受

成功經驗累積得越多，加諸在自己身上的「常識鎧甲」就會變得越來越堅固，也就是說，我們對於「這種情況應該這樣做」的想法會越來越深信不疑。

這樣一來，就會常常否決和自己想法不合的人。遇到任何情況，都用自己有限的經驗常識為判斷標準，不肯輕易接受別人的意見，也無心嘗試不曾經歷過的事。

乍看之下，這種行為像是在保護自己，實際上是在折磨自己。

試著稍微鬆開「常識鎧甲」。在「應該這樣做」的想法之間製造空隙，讓新想法和新靈感順利鑽進去，進而拓寬經驗的廣度。不要再堅持「應該這樣做」的想法，讓自己有脫胎換骨的成長機會。

37

扮演好自己的角色

在自己該做的事上盡全力

立場不同，應做的事也不同

「做好自己該做的事」，說起來簡單，做起來卻很難。看看周遭，連同自己在內，只會挑剔或抱怨別人的做法但自己什麼都不做的人，其實多到讓人出乎意料。

所謂「自己該做的事」，其實是由「立場」決定的。假如是公司基層職員，那麼所有事情都是應該做的事，因為自己的職責就是「輔助上司和資深員工們」，除了要完成收到的指示，碰到自己覺得可以幫上忙的地方，也要馬上起身表示：「讓我來負責」。即使只是打雜，也可以在累積大量經驗後，確定什麼工作適合或不適合自己。

相反的，站在領導立場的人不可以一直抱持著「小卒子心態」，因為領導者的工作是好好盯著手下的員工，確認他們的工作狀況有無問題，並且做出應有的決策。能做到這一點，在做自己喜歡的工作時才能遊刃有餘。根據不同立場，盡力做到最好並持續累積經驗，才是最重要的。

38

抛開「成見」

讓痛苦人際關係
變輕鬆的方法

這人其實意外還不錯

每個人身邊一定會有合得來和合不來的人、喜歡和不喜歡的人，這是無可避免的，而且越是勉強自己配合、喜歡對方，越會介意對方令人厭惡的一面，「果然合不來，沒辦法喜歡上他」的想法也會變得越來越強烈。

因此，要做的第一件事是讓自己接受「合不來也沒關係」「不喜歡也沒關係」，光是這樣想，就能讓心情輕鬆許多，也不再這麼介意對方不討喜的那一面。

隨後，神奇的事情就發生了，你會忽然發現「這人其實還不錯嘛」。以禪學的角度來解釋，這是因為你拋開了「成見」。

由於你看見了對方的優點，原本在心中是「負十分」的人雖然不至於立刻變成「正負為零」，但至少變成了「負三分」。如果這樣還是消除不了厭惡的感覺，就讓彼此的來往停留在最低限度，保持距離吧。公司都會有異動調職，總有一天會過去的。

39

過著符合自己能力的生活

「表面工夫」
會讓生活變痛苦

讓自己不愉快的逞強只是「浪費」

世界上有很多有錢人。身穿昂貴的衣服、在高級餐廳吃飯、享受豪華旅行……我可以理解人為什麼會憧憬這樣的生活，但如果沒有那種等級的收入和資產，就不要勉強自己過「有錢人」的生活。

如果三千日圓的套餐會讓荷包失血，用五百日圓的便當解決一餐不就得了？不需要因為無法花大錢吃午餐就看輕自己。

但是如果只是「偶爾在高級餐廳吃飯，感受只有這種地方才有的氣氛」「旅行的最後一天住在高級飯店，體驗一下奢華的感覺」，藉此犒賞自己平日的辛勞，讓自己有繼續奮鬥的動力，那麼偶爾奢侈一下也沒關係。

同樣都是奢侈，一種只是想讓自己看起來高人一等，就只是「浪費」；一種是出自想讓自己提升的上進心，那就會變成「投資」。

CHAPTER 3

不要馬上就想和人分勝負

——用「自己的標準」好好過活

40

不要裝闊

社群網站焦慮

就是這樣發生的

因為自己創造了「落差」才會這麼痛苦

人為什麼會希望別人看到自己好的那一面？可能是覺得毫無矯飾的自己絕對不會被人欣賞，又或者是身處社群網站的全盛時期，我們越來越在意別人看待自己的目光。

這種心態所反映出來的就是「裝闊」「追求ＩＧ美照」等行為。例如發表遠比實際發生的事情還誇張的言論，或是貼上料理、所有物、風景或其他任何東西的照片，以外觀表現為主而非內在，讓所有看到的人驚呼：「好厲害啊！」越是把精力投注在這些事物上，與現實的「落差」就會越大。

像搬石頭砸自己的腳一樣，因為最清楚其中落差的就是自己本人，所以會為此感到痛苦。

「別人怎麼看待」並非目標，而是結果。按照自己的想法行動，至於結果是否得到別人的稱讚則是另一個完全不同的問題。

41

把「流行」放在判斷標準外

趕流行的人
與被耍得團團轉的人

是否忘了「自己想要怎麼做」？

「趕流行」並非壞事，因為在這個未知的世界，總是充滿許多令人好奇的事物。但若是被流行耍得團團轉就不好了。這幾年，因為社群網站的傳播，美術展等各種活動紛紛引爆話題，常有一窩蜂人潮出現在某個展覽現場，甚至發生「看伊藤若沖*展要等兩、三個小時」的情況。

老實說，這種現象很異常，相信其中一大半的人都對繪畫沒興趣，也沒聽過若沖的名字，照理說應該存在「不去」的選項，但大家可能都抱持著「讓別人看到自己也有參與話題」的心態在發布訊息。

在這個社群網站逐漸邁向成熟的時代，我們在推銷自己的時候應該更慎重。盲目趕搭社群網站所掀起的新熱潮，並不會讓自己看起來更高一等。無論當下流行事物為何，真正重要的應該是仔細思考自己如何看待、想怎麼行動。

*註：伊藤若沖（一七一六～一八〇〇年），近代日本畫家，活躍於京都，被稱為「奇想畫家」。

42

面對訊息不要照單全收

這件事真的值得按讚嗎？

了解訊息擴散的機制

幾年前，我曾受邀前往某國大使館舉辦的活動。眾多媒體前來採訪，其中混了很多來歷不明的人。

當下我不知道這些人到底是誰，後來終於明白他們是專門把相關文章上傳到部落格、推特和臉書的人，像是一種職業。

招待他們前來參加活動，以站立飲食的派對形式提供美食，藉此讓他們在社群網站上發文，如此一來，相關訊息就會隨著追蹤者按「讚！」的瞬間，不斷向外擴散。從大使館的角度來看，這種不必花大錢的宣傳方式非常理想，而且類似手法也越來越盛行。

無論一個訊息在全世界擴散到什麼程度，只要是在網路上，就很難認清內容的本質，因此面對這些訊息不要照單全收，以免被耍得團團轉。

43

不要用別人定義的標準衡量自己

別人的評價排第二

別人其實並不很在意你

「你是不是瘦了？」

「沒有耶，反倒胖了五公斤。」

其他狀況還有，平常明明一直穿著西裝，卻聽到「喔，真稀奇，你今天竟然穿西裝。」頭髮明明沒剪卻聽到「哎呀，你剪短了？」這些牛頭不對馬嘴的對話應該已經變成日常生活的一部分了。

不只如此，連你曾經犯下的錯誤或失態舉止，別人一樣輕輕鬆鬆就忘光了。「咦？有這回事？」這個反應充分顯示出別人其實並沒有很在意你。

如果太在意他人的眼光，到頭來會因為自己看起來可能不是那麼一回事而憂鬱、徒增煩惱。我們應該用自己的標準而不是別人的標準來朝著自己想做的方向前進，這才是最重要的。

44

不要和社會脫節

時時不忘觀察周遭

把天線伸進社會與時代當中

只要全心投注在自己所做的事情上，就會變得不太在意周圍的事物，顧及他人眼光所採取的行動也會跟著消失。

可是如果完全不理會，就會和社會觀念脫節，與當代所追求的事物產生落差。為了避免這種情況，我們仍有必要隨時觀察社會趨勢和時代動向。

舉例來說，最近「用紙製品代替塑膠袋和吸管」的聲浪好像忽然變大了，但實際上並不是「忽然」，很早以前就有人指出「鯨魚肚子裡出現很多吸管」的嚴重問題，日本企業早該做出對策。

然而一直等到歐盟和美國出現「不要再用了」的聲音後，日本才開始慢吞吞的採取行動。不能因為「國內其他同業公司都沒有動作，所以沒關係」，整體業界應該要隨時把天線伸進社會問題當中，積極回應社會想要「解決環境問題」的要求，比其他地方更早採取行動。

45

盡可能縮小物欲

如何脫離「執著循環」？

「感恩的時光」是幸福的

「欲望」總在不知不覺中膨脹，「物欲」就是最好的例子。衣服、皮包、手錶、汽車等，我們永遠都會有想要的東西，一旦到手了，接下來就是要這個、要那個，然後是另一個……沒有盡頭。

但是得到想要的東西後，內心是否會充滿幸福？答案是不一定。因為注意力很快就會轉移到下一個目標，渴望感瞬間就會取代其他所有感覺。

這個狀態稱為「執著循環」，「想要更多、想要更多」的心情化為不斷轉動的漩渦，把人困在永無止境的痛苦中。

盡可能把自己對身外事物的執著降到最低，享受當下的幸福感。例如「吃到當季的美味蔬菜」「今天讀了一本很有趣的書」「花開得非常漂亮」「工作進行得很順利」「認識了很棒的人」等，持續累積這種「感恩的時光」，內心就會漸漸被無上的幸福感填滿。

46

不要多管閒事

無用的煩惱
不要攬上身

你是否變成了濫好人？

無論工作、家庭或人際關係，每個人都有各自負責的「角色」。只要能清楚認知到這一點，接下來就只要做好自己分內的事情就好。先決定好進行的步驟，然後把握每個步驟所需要的準備工作與作業，最後集中心力在如何有效率的進行。

如果真的有投入所有精力來完成自己分內的事情，照理說應該沒有多餘的時間干涉其他事情才對。當我們擅自插手其他事情，或是被人拜託而幫忙別人，就會占用到自己的時間，並增加自己的困擾。

幫忙處理別人的工作看似是件好事，實則不然。因為那樣會導致自己忽略真正應該負責的工作和角色，豈不是本末倒置嗎？除非事情真的十萬火急，否則還是不要多管閒事。

一個濫好人容易被他人利用，一下被拜託幫忙這個，再幫忙那個。這不是受人仰賴的證據，只是被人恣意利用罷了，所以不要再一一回應別人的請求了。

47

成為比對方更成熟的「大人」

不要感情用事

重點在於是否能理清自己的想法

不管年紀再大，舉止依然充滿孩子氣的人大有人在。例如情緒容易表現在臉上、從不聽人講話、沒辦法好好表達自己的意見，或是不負責任的人等便屬於此類。雖然沒有說出口，但我相信周圍的人一定都想對他說：「成熟一點好嘛！」

所謂「大人」，是指態度和前面幾個特徵相反，而且可以一直保持下去的人。不會感情用事、用心傾聽別人說話，還能有條不紊的說出自己的意見。

至於為什麼可以一直當個「大人」？因為這個人總是站在客觀角度觀察事物，在腦中整理自己對此的想法，所以對於別人的意見不會一個勁的為反對而反對，也不會曲意逢迎，而是能清楚說出「自己的觀點」。

良好溝通最重要的一點就是雙方都是「大人」。為此，我們需要隨時提醒自己當個比對方更成熟的人，因為過度激動、過度主觀的談話實在太孩子氣了。

48

先肯定對方說的話

每個人的想法
都不一樣

就算彼此的想法不一樣

俗話說：「一樣米養百樣人」，所以理所當然的，這世上並不存在跟自己思考百分之百相同的人。若是緊咬著那微乎其微的相異之處不放，人際關係就會長滿倒刺的荊棘，一碰就受傷。

「會那樣想根本沒道理，腦筋絕對有問題。」

「哪裡奇怪了？會覺得這樣有問題的人才有問題。」

像這樣充滿情緒的互相叫罵，或是互不相讓，並不能解決問題。

我們要做的是，即使覺得對方說的「不對」，也不要馬上做出反應，先把對方的話聽完，找出有同感的地方。就算覺得不對，也不可能百分之百都不對。找到彼此的交集點後，再說：「關於這部分，我也有同感。可是其餘部分，我的想法是這樣的……」從「肯定的態度」切入，可以避免兩方僵持對立，利於促進溝通。

49

微笑看待與他人的「不同之處」

不要計較孰優孰劣

不一樣到這種地步實在太有意思了

如果從小就生活在「比較」當中，會自然養成一種「比較癖」。進入社會後，這個傾向會變得越來越明顯，因為有越來越多時候必須透過能力、成績或地位的比較，來判斷孰優孰劣。

所以遇到任何事情先比較一番，已經是無可避免的了，只能順其自然。真正要注意的其實是下一個階段：不要用「優劣」來判斷比較的結果，而是用趣味角度來看待。

「那個人的那一方面跟我完全不一樣，不一樣到這種地步實在太有意思了！」如果能這樣想，就會發現自己其實也有他人不具備的地方，進而感到有趣。

每個人都有自己的個性，加以活用才是最重要的，不要讓自己因為跟人比較而產生「我比較厲害」的傲慢之心，或是「比不上別人」的自卑感。「微笑看待不同之處」，是讓人際關係變得更好的祕方。

50

不要輕易相信謠言

為什麼看待他人

的眼光會被蒙蔽

比收集情報更重要的事

如果非常在意初次見面的人是什麼樣的人，就會忍不住打聽周圍對他的評論和傳言。

然而，那些評論和傳言並不可靠。明明聽說對方是「非常隨和的好人」，實際上卻很難相處，或是聽說「那人非常古板嚴肅」，最後卻發現對方其實很好說話。一旦持有偏見，就會蒙蔽了自己的判斷力與看待他人的眼光，所以衷心建議最好不要這樣做。

比起「事先收集情報」，更重要的是讓自己懷抱一顆透明澄澈的心去面對他人。唯有讓自己的內心成為一面鏡子，才能反射出最原本的樣貌，不帶任何扭曲。拂去心上的塵埃，磨亮心中的鏡子，自然可以完整捕捉對方最不矯飾的一面。

禪學有句話說：「一掃除，二信心。」意思是，「打掃房間或庭院，內心也會跟著變得潔淨，有潔淨的內心才能擁有信心」。

51

用「我」當主詞活下去

如何獲得以自己

為主角的人生？

「自問自答」能創造美好人生

回顧一下自己的行動，是否經常出現主詞並非自己的情況呢？例如「因為大家都有做，所以跟著做」，這種因為不特定多數人的行動，促使自己產生動機的情況，其實並不罕見。

但這樣無法創造出以自我為主體的人生，而且一味模仿他人的人生，會讓生活變得很無趣，對吧？

如果想活出「自己的」人生，請在行動前先捫心自問：

「那真的是我想做的事情嗎？是有益於社會或他人的事嗎？」

「應該不是因為現在正流行，所以才想做的吧？」

像這樣在心中做好明確的區分，我們的行動才會符合自己心裡所想的，進而獲得屬於自己的人生，而不是別人的。

52

選擇「正確的道路」

向知名經營家學習
「絕不出錯」的判斷法

「真理」是什麼？

「真理」指的是無論任何時代都不會改變的正確道理。如果想做的事情最後可以實現真理，那就無需有任何懷疑，繼續做下去就對了，別人怎麼說都無所謂。

就算周遭人現在覺得「這人好像在做什麼糟糕的事」，最後也一定會接受。因為過了十年或一百年，你做的事情都是真理、都是正確的。

舉個例子，京瓷的創辦人稻盛和夫先生決定要開辦新事業的時候，據說一定會問自己以下這些問題：

「是不是單憑自己的利益得失，就做出了行動？是不是可以幫助到社會？能不能幫助到別人？過了十年甚至一百年，是否仍會受到大家的認同？」

直到自己的內心有了「可以，沒問題」的答案後，才會真正做出「可以放手做」的判斷和行動。這個做法真的值得大家學習。

53

拋棄無聊的堅持

對人際關係
感到疲憊時

讓人不再介意小事的小故事

如果你總是和人比較孰優孰劣，總是惦記著他人的評價才決定如何行動，那我得說：「人類實在太渺小了！」因為人是大自然的一部分，真正要在意的應該是大自然才對。

禪學教導我們：「人必須貼近大自然的運行方式而活，和人世間的真理一起活下去。」這一點是和西方觀念最不一樣的地方。

例如西方農業的目標是「大規模開墾土地，透過機械化增加收成」，但東方觀念則是「透過人的力量改變地球、自然和大地的樣貌並不是好事」，所以才會順應地形打造梯田，或是稍微整治一下河川拉出引水道，盡可能貼近大自然，種出剛好足夠養活人類生命的作物，其中的理念就是「與自然共存共榮」。

這是非常棒的想法！因此，當對人際關係感到疲憊，就把眼光朝向大自然。讓心境變得更寬闊、豐饒，那麼無聊的堅持也會就此消失。

54

反正人就是無法相互理解

各種人際關係的前提

即使是夫妻，能互相了解六十五%就已經謝天謝地

「明明當了這麼多年夫妻，他（她）卻一點都不了解我。」

經常有人這樣抱怨。夫妻相處的時間越長，照理說應該越能互相了解，所以才會讓人覺得加倍生氣。而我是這樣開導這些夫妻的：

「不了解是很正常的，妳（你）不也一樣完全不了解對方嗎？在結婚之前，你們兩位各自過了二、三十年完全不一樣的生活，直到某一天才忽然湊在一起，當然不可能百分之百互相理解，能有六十五%就要謝天謝地了。而且你們有很多不一樣的地方，不必勉強自己配合對方。如果你們有可以共享的價值觀或興趣，就好好珍惜那一點，其他不能理解的部分放著不管也不會有問題的。」

朋友關係和職場上的人際關係也是一樣。越是試圖互相理解，就越容易讓其中一方勉強自己配合。只要掌握「無法互相理解是理所當然」這個前提，遇到無法互相理解的時候，打擊就會小一點，而可以互相理解的喜悅則會倍增。

55

施恩慎勿念

不求取回報的人生會更順利

施予對方的恩惠「當下就忘掉」

「當初幫了你這麼大的忙，我現在有困難的時候卻假裝不知道！」

「平常這麼照顧你，現在多少給點方便應該不為過吧？」

當自己提供的協助得不到別人的回報，常會產生類似的不滿，導致人際關係變得一團亂。

不覺得這樣很難看嗎？對人親切或照應別人本來應該是自己想做才做，期待對方回報這種念頭完全是錯誤的。

如果打從一開始就沒有期待，自然不會產生「得不到回報的焦慮感」。

而且真的獲得回報的時候，還會有種收到意外禮物般的喜悅。

「施恩慎勿念。」

如同這句話所示，你幫對方做了什麼的時候，當下忘掉才是最好的做法。

56

受恩慎勿忘

和他人結良緣的方法

道謝一定要「馬上做」

和前一節相反，自己在困境中得到協助或建言，也就是獲得他人恩惠時，當下就忘記根本是可惡至極。「施恩慎勿念」這句話，其實還有下一句——受恩慎勿忘。

如果因為得不到回報而生氣，那你就更應該這樣做了。「以他人之過修正自己之過」，不能覺得自己可以不必報恩。

舉個例子，接受恩惠時必須馬上開口道謝，然後記住，「有事的時候一定要幫對方的忙」，這樣才可以更珍重自己和他人的緣分。

表達道謝的話語也有「適當時機」，「馬上」說出來非常重要。不要悠哉的覺得「下次見面時再說」，如果當下來不及說，改用電話或郵件也可以，總之，一定要盡快表達出自己的謝意。

要是時間拖太久，很可能會不小心忘了道謝，或是再也找不到道謝的時機，最後讓自己變成不懂人情道義的人。

57

尊重他人的價值觀

學會「接受」

即使在他人眼中只是垃圾

每個人重視的事物都不一樣，某些事或許對別人來說毫無意義，卻是自己絕不妥協之處；也有些人把別人眼中的垃圾當寶物一樣珍惜。我們應該要尊重不同的價值觀。

但這個世界上就是有人不承認他人的價值觀，覺得只有自己的價值觀才是正確的，劈頭就否定他人重視的事物。

例如「明明是可以學到很多東西的課程，為什麼不出席？說什麼跟別人約好，哪有事情比這個更重要？雖然不是強制的，可是你竟然以私事為優先，真是不敢相信」，或是「現在這個時代早就沒人用鋼筆了。什麼？這是你去世父親的遺物？喔……但你還是把東西收起來比較好？」等這些輕視別人的話。

聽到這些話，會覺得非常受傷。無論是什麼事物，那份珍惜之情都是非常值得敬重的。請像珍惜自己的價值觀一樣，接受並尊重他人的價值觀。

58

去者不追

只要有緣
就能再相會

「錢斷緣也斷」有部分是真理

所謂「有緣千里來相會」，其實不只限於男女之間，人與人的相遇總是有很多的不可思議，更正確的說，所有的聯繫都是不可思議的。

例如「如果那時電車沒誤點，我就不會遇到那個人」「那時候如果沒有參加那個活動，我就不會遇到那個人」「那時如果沒有失業賦閒在家，我就不會遇到現在的上司了」等，幾乎所有的相遇都是出於「偶然」，也可以說是「奇蹟性的必然」。

佛教把這種情況稱為「緣分使然」，人一生當中和數不清的人擦身而過，卻只會和其中最特別的人結「緣」，雙方的來往之所以中斷，也只是因為「緣分」已盡。有些情況下可能可以再續前緣，也有怎麼樣都斬不斷的「孽緣」。

緣分無法人為控制，所以沒有必要執著已盡的緣分，只要抱著「去者不追」的心態，順其自然目送對方離開就好。即便是「錢斷緣也斷」，也同樣是緣分所造成的。

59

把「緣分」視為最優先

讓工作順利進行的方法

如何決定「優先順位」

有時來了一件「好想做！」的工作，卻因為行程太滿而抽不出空檔來做；一些因為「賺不到錢」「感覺不有趣」而不太想做的工作，卻在各種機緣巧合下而不得不做。

「選擇工作」這件事真的很困難。

至於我，如果沒有什麼特別理由是不會挑剔工作的，一直都是依照委託發來的順序，順著緣分一一接下。不管是多麼令人心動的工作，只要行程對不上就視為沒有緣分，如果對方願意通融時間，便是有緣。我都是這樣做決定的。

如果沒有緣分還硬接，有時會出現工作錯誤百出或是趕不上期限的問題，反而帶給別人困擾。如果這份工作和自己有緣，就開開心心接下來，如果沒有，儘管條件再好、成就感再大、收益再多，都應該拒絕。只要遵守這個基本原則，工作就能順利進行。

CHAPTER 4

不要為了小事生氣

——避免消磨內心的訣竅

60

不要被「狂怒的漩渦」捲走

干擾判斷與行動的元凶

生氣就輸了

二〇一八年，美國網球公開賽的女子單打決賽上，日本大坂直美選手以直落二的比數，擊敗了前任世界排名第一的小威廉斯獲得冠軍。她是第一個獲得四大滿貫賽冠軍的日籍選手。

比賽過程發生了一些令人遺憾的插曲，小威廉斯遭到裁判警告了三次。第一次是教練在比賽中做出禁止的場外指導動作，第二次是她打壞了自己的球拍，第三次是對主審口出惡言。先不論裁判的判斷和小威廉斯的行為是否正確，我個人的感想是這樣的：

「果然生氣的人就會輸啊。」

當小威廉斯氣憤的提出抗議，大坂直美選手可能覺得自己要是看到那一幕，心情就會受到小威廉斯的憤怒情緒影響，所以刻意轉身不看。畢竟一激動起來，就沒有辦法冷靜進行比賽了。我們的周遭一定也有「容易生氣的人」，請小心不要和對方一起變得激憤起來，因為那樣通常都不會有好結果。

61

不要試圖改變對方

為什麼憤怒

會如此空虛？

能符合自身期待的就只有「自己」

人在什麼情況下會生氣？

最常見的情況應該是對方沒有按照自己的想法行動，或是事情發展不如自己的預期。這時請稍微冷靜下來，試著去回想事情發生的經過。

當你任由怒氣爆發，事情有開始好轉嗎？

承受你怒氣的那個人，最後有按照你的想法行動嗎？

我想答案應該都是「ＮＯ！」

發怒會讓現場氣氛凍結。因為大家都很尷尬，導致原本可以順利進行的事情變得窒礙難行。發怒或許可以讓對方聽話，但那只是為了把尷尬的情況敷衍過去才暫時安分，想要就此改變對方的個性與行為幾乎是不可能的。

因此生氣一點好處都沒有。別人不可能完全按照自己的想法行動，有些事情也無法順著自己的期待實現，為此糾結、生氣也無濟於事，只是徒增自己內心的束縛而已。

62

不要對人有太多的期待

能幹的領導人
都知道這點

讓對方發揮他的能力

假設你有A、B兩個下屬，A是「工作效率非常高，但一百個工作當中大概會出錯五個」的類型，B是「工作效率是A的七成，但一百個當中通常不會出錯」的類型。

這種情況下，期待A可以「減少失誤」是一種謬誤。同理，期待B可以「提高處理速度」也是搞錯方向。最好的做法是按照他們各自的優點，指派適合的工作。例如把需要趕工的工作交給A，指示他「快速處理完畢」，然後讓別人來幫忙除錯。B則是交給他期限寬鬆的工作，指示他「慢慢的、慎重的做，不要出錯」。讓A和B都能發揮自己擁有的力量，做出成果。

搞錯「期待的地方」，是很糟糕的一件事。當你遇到事情成果不佳，先想想自己有沒有搞錯應該期待的地方。

63

放下被害者心態

當你覺得「沒天理」

那份工作是因為有緣才輪到自己

當我們正在想那分無聊的工作會落到誰頭上，那份工作就被交到自己的手上，我們的心情一定會很不好。心中多半是一邊咋舌，一邊咒罵上司：

「為什麼是我？交給那傢伙不就好了嗎？開什麼玩笑！」

每個人或多或少都會高估自己，當一些簡單過頭的工作，或是不必動腦也能完成的單調作業落到自己頭上，會覺得這是大材小用，或是覺得自己正遭受不合理的對待，被害者心態因此抬頭，接著內心燃起一股怒火。

可是無論再怎麼抗拒掙扎，交代給你的工作還是要做完。換個角度想，「那份工作是有緣才落到自己頭上」「就用只有我才會的方法解決」，相信原本「無聊的工作」一定會瞬間變成「有趣的工作」，被害者心態也會逐漸消失。

64

失敗和缺點都要愛

不要再追求「完美主義」了

我們不是機器人

這個世界上有很多人是「完美主義者」，對自己及他人都要求完美，再小的缺陷都無法容忍，有時甚至會引爆「為什麼做不到完美！」的怒火。

我認為這是一種不成熟的思考方式。如果只要求完美，機器人或ＡＩ也辦得到。「完美」只有在要求絕對正確的機械世界裡才能被實現，但卻也無法反映出人類的想法和情感。

人不是機器人，比起把事情做到完美，追求不完美且充滿人情味的事物才更重要。

在科學世界裡，經常聽聞因為實驗失敗而意外有了重大發現的例子。而個人的失誤和缺點有時也會轉變成受人喜愛的獨特魅力。

凡事朝著「零失誤」努力固然重要，但是失誤說不定會造成令人意想不到的「缺憾美」，所以不要再為了追求完美，產生不必要的焦慮了。

65

不要搞錯憤怒的對象

會咬人的狗不會叫

生氣會讓腦袋變笨

假設今天電車誤點，你一定可以看到有人抓著站務人員大呼小叫。不是因為站務人員做錯了什麼，而是明知道電車誤點是因為發生事故，罵人其實沒有意義，但就是要罵。

雖然電車誤點給很多人帶來麻煩，但也確實事出有因，若是直接把矛頭指向立場薄弱的人，不覺得這樣很卑鄙嗎？

通常這種人遇到立場比他強硬的人都會變得很安分，他們只會緊咬那些不會反抗他發怒、只會道歉、立場薄弱的人。

俗話說：「會咬人的狗不會叫。」專找立場比自己薄弱的人發洩怒氣，只是在展現自己的懦弱無能，近年來不斷增加的「奧客」也大多是這種類型。

請不要覺得「吵鬧的人有糖吃」，也不要模仿這種行為，因為生氣並不能幫助你突破困難。

66

體諒對方的處境

讓衝上腦門的怒火
瞬間下降的方法

以「同事」的精神控制怒火

當下屬上班遲到、無法遵守交期、因為粗心大意而犯下各種小失誤，或是忘記曾經接收到的指示，身為上司總是會升起怒火，想狠狠罵他一頓。

但是不問緣由劈頭就罵，又有點不近人情。稍微為他想想，「大概是出了什麼狀況」，把瞬間升起的怒火降到最低，待重回理性思考後，再詢問他理由。

「真不像你的作風，發生什麼事了嗎？」

聽完他的解釋後，接下來只需要冷靜的叮囑他：「我知道你的難處了，但這可不是一句『喔，好』就可以算了的，你懂吧？」「你那不是理由，而是藉口。下次要更注意一點！」「既然事情已經發生，那也沒辦法了。我知道你現在很辛苦，但還是要好好切換心情，繼續加油！」

諸如此類，重點在於冷靜下來後再發言。對方犯錯肯定都有原因，我們在發怒前應先試著了解理由，站在對方的立場思考，這在佛教稱為「同事」精神。

67

暴怒時馬上離開現場

發生衝突時「走為上策」

不要為了衝動說出口的話感到後悔

我們都會有一時衝動的時候，但是不要任由怒氣爆衝而口不擇言的亂說話，因為到頭來會變成：

「啊——要是沒有那樣說就好了。」

往往會為了自己說過的話感到後悔。

當憤怒化為語言說出口的剎那，就再也無法收回了。自己心中的怒氣會不斷往上飆，對方也因為你反唇相譏，怒氣直線上升。

最後發展成雙方互用情緒性語言攻擊對方，大家都感到不愉快。

與別人正面衝突時，想壓下怒氣很困難，所以這時就先暫時離開現場，就算被說成是「落荒而逃」也沒關係，因為對方其實也因為自己的逃跑而得救。

暴怒的時候，走為上策，不需要覺得丟臉。

68

讓人格更圓滑

所謂的成熟是什麼？

默念三次讓人冷靜的話語

以前會用「瞬間煮沸器」這個詞來取笑容易生氣的人。年輕一輩的人大概沒看過，這是一種煮水的工具，瓦斯會在按下開關或是轉動出水栓的時候同時點燃，瞬間就能倒出熱水，可能有些家庭至今還在使用。以前就是用此器具來比喻馬上氣得七竅生煙的人。

禪學有個教誨是：「不讓怒氣衝上頭頂，而是收在腹中。」如果能做到這一點，怒火就會平息下來，心情也會跟著變穩定。因此，爭取收進腹中的「空白時間」便成了重點。

請試著先做一次深呼吸，然後默念三次能讓內心平靜下來的話，例如「多謝、多謝、多謝」，也可以是「耐心一點、耐心一點、耐心一點」「冷靜、冷靜、冷靜」，什麼都行，讓怒氣停在腹部一帶不再上升，養成習慣後，就能克服情緒問題。隨著年紀增長，別忘了把自己因為易怒而造成的「人格尖角」磨平、磨圓。隨時保持平靜，正是高度成熟的最佳展現。

69

不要挑釁，也不要被挑釁

社群網站上
有太多危險

不謹慎的發言會要命

隨著網路社會的發展，之前還可以用一句「是我失言了，對不起」「我說過頭了，對不起」「我思慮不周害你誤會了，對不起」帶過的事情，現在都沒這麼好解決了。

如果自己的言行惹怒了某個人，結果那個人在推特發文：「沒必要用那種口氣講話吧？」接著很快有人附和：「沒錯！沒錯！」然後對自己言行的批評很快就會蔓延開來，我們越是出言反駁，越會引來毀謗重傷，一發不可收拾，這就是所謂的「炎上」。由此可以看出「現在是個很容易散布怒火的時代」。

社群網站的世界充滿危險，有很多人正虎視眈眈等著別人說出不謹慎的話，也有很多人故意設下陷阱釣魚，故意惹人生氣。

當我們發現自己的發文開始遭受抨擊，最好馬上「退場」，無論如何都不能回應「憤怒的誘惑」。嚴格遵守「不要挑釁，也不要被挑釁」的鐵則，以免掉進危險深淵。

70

疲憊的人容易生氣

感到焦躁不安時，確認一下身體狀況

因為身體不適才導致心情不快？還是心情不快導致了身體不適？這兩者其實沒有先後順序，身與心是一體的。任一方出了問題，另一方的狀態也會跟著變差。

人在身體感到疲勞或是肚子餓的時候，會變得非常暴躁易怒，因此我們可以透過逆推這個「身與心的方程式」，對自己的憤怒情緒做出一定程度的控制。

「覺得自己最近一直話中帶刺，感覺很煩燥。」如果你有這個念頭，很可能不只內心，連身體也出現了問題。此時可以確認一下自己是不是累了？是不是有哪裡不舒服？

如果發現「疲勞消除不了」「胃消化不良」「失眠」「血壓太高」等生理變化，代表內心很可能也快撐不住了，必須努力減輕壓力。管理好自己的身體與內心，可以幫自己進一步控制暴躁和焦慮。

71

不要理會麻煩的人

不要跟對方站在「同個土俵」上

不戰而勝才是最佳解決之道

相撲比賽需要兩位力士站在同個土俵*上，才能成立一場對戰，分別站在不同土俵上當然就不是相撲。

所有爭執都適用這個情況。假設土俵上有個生氣的人，而你也跟著站上去，紛爭就是這樣發展起來的。

當對方向你叫囂挑釁：「來啊！來啊！」你都不該「站上同一個土俵」。走到遠處另一個土俵上，不必多說什麼，悠哉的看著那個大發雷霆的人就好。

「氣成那樣，這人真是可憐。」像這樣表達自己的憐憫。

而生氣的人一旦沒了作戰對象，也沒辦法一直保持怒氣。他可能會大罵：「不要不講話，給我開口！你這個膽小鬼！」但最後也只能灰頭土臉的走下土俵。若是運氣好，說不定還會覺得「生氣也沒用」，從此再也不把怒氣撒在你身上。

*註：土俵，日本相撲比賽時的圓形黏土擂台。

72

在沒人看到的地方一吐怒氣

善加利用

語音記事或日記

擁有可以宣洩怒氣的「忍耐袋」

日本有個相聲橋段叫做「忍耐袋」。住在長屋*裡的木匠熊五郎夫妻總是吵個不停，經常出入的老闆實在看不下去，介入仲裁並傳授他的智慧。

「縫一個袋子當成忍耐袋，把對對方的不滿大聲吼進去，最後再用繩子緊緊綁好忍耐袋的袋口。」

因為這個忍耐袋，熊五郎夫妻的心情變得十分暢快，後來這個促進夫妻圓滿的祕訣廣被人們使用……故事內容大概是這樣。

這的確是降低怒氣的好方法！換成現代，手機應該可以當成「忍耐袋」。只要發生讓自己火大的事，就對著語音記事大叫抒發怒氣，又或者是卯起來打字記錄，心情應該會舒暢不少，當然也可以用手寫日記大書特書。

直接把怒火發洩在對方身上會造成糾紛，但是在沒人的地方大吐苦水卻是「無害」的，也不會因為累積怒氣而不開心，可以順利「宣洩怒氣」。唯一要小心的就是慎選怒氣的「丟棄場所」。

*註：長屋，日本傳統集合住宅，形狀細長。

73

以「信善說」為出發點

這樣能讓
人生過得更輕鬆

「疑神疑鬼」的生活很累人

中國傳統思想有「性善說」和「性惡說」兩種相對的思考方式。「性善說」是孟子提倡的學說，認為人性本善，以義為貴。

另一方面，荀子提倡的「性惡說」則認為人都有欲望，容易隨順欲望而為惡，所以必須注重禮節所帶來的秩序。

禪學不用二元論來看待事物，所以不存在善惡，只不過有個前提，那就是：

「所有人類都是為了行善才來到這個世上。不光是對自己，對世間或他人有所貢獻時就會感到幸福。」

若要進行區分，我想這比較接近「信善說」吧！

先不論兩種學說的對錯，如果想讓人際關係變得更順遂，比起疑神疑鬼的找出對方缺點，注意對方好的那一面並真心信賴，絕對是更好的做法。「懷疑」只會讓內心焦慮，「相信」則讓內心得以平穩。只要做到這一點，就可以活得更輕鬆。

74

找出人的「優點」

對「人上之人」來說

最重要的觀點

一切眾生，悉有佛性

「一切眾生，悉有佛性」，這句禪語的意思是指，「所有活著的生物以至於森羅萬象的一切，都有『佛性』寄宿其中。」

舉個例子，不管是呼吸也好，血流也好，身體器官的運作也好，人類其實無法有意識的控制自己的身體，真正運作其中的是大宇宙的真理，這份真理正是佛性，我們都是受此恩惠才「得以活下去」。

換言之，我們每個人其實都是平等擁有「佛性」的存在，只要發現這一點，自然會覺得遇到的所有人都是「好人」，並在某個時候忽然注意到那個人的溫柔、體貼、親切和隨和等，看見過去不曾看到的優點。

接下來就是讓那些優點盡可能發揮出來。隨著自己的地位提升，幫忙發掘下屬的優點與強項是非常重要的工作。可以從年輕的時候就開始養成「尋找優點」的習慣，而不是「尋找缺點」。

75

一轉眼就忘記怒火

徹底忘記憤怒的祕訣

剛剛還在生氣的烏鴉現在已經在笑了

日本有句俗話：「剛剛還在生氣的烏鴉現在已經在笑了」，是用來比喻小孩的情緒變化無常。這其實不是什麼好話，但是從佛教的立場來看，會讓人忍不住大讚：「實在太棒了！」因為世間萬物皆「無常」，眼前的情況不斷化為過去消逝是理所當然的。

「現在生氣了」，這件事在下一秒會成為過去。把憤怒的感覺徹底轉換成過去，把力量投注於「帶著笑容活在當下」。

澈底遺忘憤怒的祕訣就是在短時間內盡可能釋放怒氣，就像我先前提到的「與悲傷、困苦同成一味」，憤怒的情緒一樣可以透過「與憤怒同成一味」來順利獲得釋放。

76

調整姿勢與呼吸

「調身・調息・調心」

打造情緒起伏較小的內心

心情低落時，我們的身體很容易駝背。氣憤、痛苦和悲傷等情緒激烈起伏的時候，呼吸也會變紊亂。

反過來看，代表姿勢和呼吸其實可以控制情緒起伏。禪學有個說法是：「調身、調息、調心」，利用坐禪來調整姿勢、呼吸和內心。

首先請端正姿勢。從側面看過去，脊椎會呈現S型弧度，從尾椎骨到頭頂拉出一條直線，這就是「調身」。

然後刻意放慢自己的呼吸。工作時的呼吸是一分鐘七到八次，請把它控制成三到四次，這就是「調息」。

做好「調身」「調息」後，內心自然穩定下來，成功獲得「調心」的狀態。

可以在早晨或睡前安排一段坐禪的時間，相信能大大減少為閒事煩心的情況。

77

大聲吼叫

從腹部深處開始
讓內心更清爽

不持續累積負面情緒

有人說：「腸子是第二個大腦」，意思是腹部狀態和「思考」「感覺」密切相關。相信古代人一定對這個說法不陌生，因為日語中的生氣是「腹が立つ」，心腸惡毒是「腹が黒い」，做好覺悟是「腹が据わる」，肚量大是「腹が太い」，心懷不軌是「腹に一物」……，有很多將情感與「腹部」結合在一起的說法。

以憤怒為首的各種負面情緒，最好不要囤積在肚子裡，可以藉由從腹部深處用力吼出聲音來釋放。

僧侶每天都會拉開嗓門大聲誦經，因為這樣做可以讓人保持「無心」的狀態。再加上呼吸變得深沉，也有促進血液循環、活化全身細胞、讓思緒變敏捷等效果。

大聲吼叫其實對身心非常有益，各位可以在日常生活中找機會喊出自己喜歡的句子，或是去唱卡拉ＯＫ，一邊玩樂一邊幫自己的內心做大掃除。

78

笑口常開

用「微笑」保持好心情

笑容當中綻放著「人之花」

臉上總是帶著溫和微笑的人，身邊自然會有人聚集過來。相反的，如果總是眉頭緊皺，任何人都不會想要靠近。

笑容可以帶來良好的人際關係。有些人可能會心生抗拒，認為「心情不是特別好，也沒發生什麼有趣的事，所以沒辦法像白痴一樣笑個不停」。

但是人並不只是「因為有好笑的事情才笑」。「雖然無聊，但笑著笑著就覺得有趣起來」才是最常見的情況，所以「笑」非常重要。

禪學認為，在人際關係上，隨時謹記「和顏愛語」是非常重要的一件事。「和顏」就是溫和的笑容，「愛語」則是充滿慈愛的話語。臉上總是帶著溫和微笑的人會聚集人群，而體貼對方心情所說出的話語能夠舒緩人心。這就是笑容當中綻放著「人之花」的含義。

所以，露出笑容吧！這樣就能隨時保持好心情了。

CHAPTER 5

不要一直死氣沉沉

——沮喪沒關係，但是要快點振作起來

79

你所煩惱的事有九成都不會發生

明天的事情

等明天再想

別再「早一步」感到不安或煩惱

事先做出預測再行動很重要。先預測事情的發展走向，可以讓自己採取有效的行動，還能降低失敗的風險。

但是，平白擔心「要是變成這樣該怎麼辦」「變成那樣該怎麼辦」，對事情一點幫助也沒有，畢竟未來的事情本來就不可得知。

「未來就是未來，我們要思考的是，事情變糟的時候該怎麼做。」

更何況，實際上「你所煩惱的事有九成都不會發生」，擔心越多，損失越多。因為在你擔心的時候，內心會一直靜不下來，行動力也會被剝奪。

預測將來事情發展的目的並不是要你增添煩惱和擔心，而是為了決定現在的行動。應該抱持著「要是變成這樣就麻煩了，所以現在先做好這個」「希望事情能夠這樣發展，所以現在先做好這個」的想法，先用行動來趕走心中的不安與擔憂，才是正確的擔心方式。

80

不要「妄想」不安的事

人生當中只有「現在」

所有在心中放不下的念頭都是「妄想」

為了已經過去的事情懊悔，叫做「妄想」。不斷想著「要是那樣做就好了」「如果沒有做那件事就好了」，過去也不可能重新來過。

對將來的不安和對過去的悔恨，都是沒有實體的念頭，也就是單純的「妄想」。因為那種東西綁手綁腳，搞得無法自由行動，是再傻不過的事了。

禪學把所有束縛內心之物、所有糾纏在心中放不下的東西，通通稱為「妄想」，同時主張「莫妄想」——不應該妄想。

我們能做的，是集中心力在眼前的工作上，以避免心中所想的不安變成現實，或是基於過去的失敗讓自己茁壯。現在這個當下，只能努力。

只要專注於現在，就不會有空閒時間來煩惱。反正就是採取行動，把毫無用處的妄想趕到別的地方去，這才是最好的做法。

81

發自內心接受「世事無常」

無論好事或壞事
都不會長久

順應「變化」而生

事情發展順利的時候，會希望「這個情況要是能一直持續下去就好了」。有的時候可能不只是希望，而是深信不疑。相反的，事情發展不順的時候，就容易出現「如果這個情況一直持續下去該怎麼辦」「大概不會再改變了」的想法。

然而這兩者都是錯的。世間所有物品和發生的事件，時時刻刻都在變化。佛教把這個現象稱為「諸行無常」，是佛教的根本思想之一。如同浪潮不斷拍打岸邊，世間每分每秒都在改變。以人類為首，所有活著的生物都在累積年歲的同時逐漸變化，與其掙扎忤逆這條「無常之流」，還不如順著潮流的方向活下去。

偶爾我們可以低聲說出：「無常、無常、諸行無常，所有事物皆非永恆不變。」當情勢不佳，只要想著「之後一定會變好」，內心就會變得輕鬆許多；情勢大好的時候，則「不可以得意忘形」，須繃緊神經。如此一來，人生一定可以朝著好的方向前進。

82

所有人的苦難都是平等的

人生就是歷經

「四苦八苦」的旅程

所有人的人生都一樣不如己意

一切皆苦——人生不會盡如己意。無論是成就偉業的人、博得名譽的人、享盡榮華的人，都不可能盡如己意的活著，「苦」會平等降臨在所有人身上。

人生有「生老病死」，名為「四苦」。我們無法選擇出生的時間、地點和父母，所以出生這件事本身就是苦，而活著就等同於不斷老去，所以年老是苦。最後還有生病之苦和死亡之苦，沒有人能逃得掉。

另外還有「愛離別苦（與心愛的人事物分別之苦）」「怨憎會苦（不得不和自己不想見到的人見面之苦）」「求不得苦（得不到所求事物之苦）」「五陰盛苦（肉體各式各樣的痛苦）」四苦，合稱為「四苦八苦」。

人生在世，就是歷經這「四苦八苦」的旅程。既然無法迴避，就只能接受。告訴自己：「不是只有我，所有人的苦難都是平等的。」就能讓自己變得更堅強。

83

因為生了病才能活得更輕鬆

即使已經被宣告

「來日無多」

深刻了解活著是多麼「令人感恩」

苦難雖然沒有大小之分，但「四苦」當中，「病」給人的傷害實在很難承受。平常注意保健的人，一旦發現癌症之類的嚴重病痛，肯定會覺得「怎麼會是我」，並且強烈認為老天沒眼。

若是真的生了病，除了和病痛一起活下去，也別無他法。有了這樣的心理準備，病情發展經常會趨緩，甚至痊癒。事實上，罹癌後如果一直覺得「討厭、討厭」，反而會讓癌細胞大量增殖，但若是看開一切，覺得「這也無可奈何」，繼續平穩生活，做自己想做的事，據說增值速度就會趨緩。

我有一個朋友得了癌症，被醫師宣告「只剩下三個月」，使他重新認識到活在世上、和人接觸、可以自由行動到底有多麼令人感恩，從此更加努力的活下去，最後讓壽命延長了三年之久。即使被宣告來日無多，依然可以告訴自己，這種事情就是會發生，然後和病痛一起悠然的活下去。

84

滿意於「現在的自己」

強求猶如地獄之苦

執著越深，幸福就離得越遠

釋迦牟尼曾說：「執著太深的人，就算用黃金遍蓋喜馬拉雅山也不會感到滿足。」這說明了人類的欲望是多麼無邊無盡。尤其當金錢欲和物欲越是膨脹，內心就越容易受到影響。

如果想要控制這些欲望，讓內心保持平穩，可以記住「小欲知足」這句話。有本《佛遺教經》記錄了釋迦牟尼臨終前的最後教誨，這本經書裡寫了這麼一段話：「知足之人，雖臥地上，猶為安樂；不知足者，雖處天堂，亦不稱意。不知足者，雖富而貧；知足之人，雖貧而富。」

換言之，心中認為「能這樣活在世上，本身就是一件值得感恩的事，維持現狀就夠了」的人，無論實際生活如何，內心都十分富足；覺得「還是不滿足」的人，無論過著多麼奢華糜爛的生活，內心依然貧瘠，因為被「還想要、還想要」的念頭擾亂，內心隨時充斥著枯竭感，得不到幸福。

85

腳踏實地，日日不懈

把握機會的人的共通點

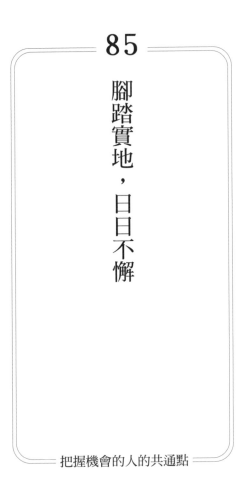

錯失良機是因為準備不足，無關運氣和實力

對於某些公司和人來說，連續接到許多大工作、地位不斷水漲船高，是否真的只是單純運氣好，才獲得這麼多機會呢？

不、不，這跟運氣好壞沒有關係。硬要說的話，每天是否有腳踏實地的付出努力，才是名為運氣的機會是否降臨的關鍵。

機會其實會平等降臨在所有人身上。持續努力的人一直讓自己保持在能隨時抓住機會的狀態下，所以「有好工作上門」的時候，可以迅速掌握並完成工作。只要能做出成果，等級更高、規模更大的工作自然會接二連三找上門。

至於平常不太努力的人，就算有機會，也會因為準備不足，而陷入「感覺所學不太夠，經驗也不夠」的狀態，猶豫到底要不要抓住機會。即使發現這是個大好機會，想試著發揮能力，終究會因為準備不足，而無法達到預期的結果。想做出成果，須每天努力不懈，這也是抓住機會前的重要準備工作。

86

不要急著做出成果

持續努力

自然能開花結果

什麼樣的人「只紅一次」就再也沒下文

現在大部分事情都可以在網路上輕鬆查尋，只是，調查得快、忘得也快。成功也是一樣。

假設你是車商業務，因為急著想要「快點做出成果」，所以不擇手段，到處拜託親戚朋友，或是在販售的時候誇大其辭，光說好話以提高銷售業績。很遺憾，用這種方法拿下業績第一名，是不可能長久的。

不急著交出成果的業務員會和顧客們建立信賴關係。可能需要很長一段時間，才能讓大家呼朋引伴過來捧場，並創下業績紀錄，但是這段過程中所取得的信賴不會因為一點小事就消失，所以可以長期維持首席業務的地位。

現代社會的傾向是馬上就想看到成果，但我們絕對不可以急躁。比起盡快展現成果，更重要的是如何長時間維持，就算多花一點時間也無妨，因為努力到最後，一定能看到結果，好好努力吧！

87

那件事物真的很困擾我嗎？

「沒有就會困擾」的東西
其實意外的少

如何讓不必要的東西漸漸消失

「困」這個字原本的含義是「建地中央有一棵樹」，蓋房子的時候會讓人很傷腦筋，對吧？

從這種角度理解「困擾」的意思後，接著詢問自己：「那個事物（如果不見了）真的會令人困擾嗎？」

這樣問的原因，是因為我們雖然擁有非常多東西，但其中「沒有就會困擾」的東西其實並不是那麼多。

例如工作實在忙不過來時，就問自己：「這份工作如果沒了，真的會很困擾嗎？」或是跟一個合不來的人在一起時，就問自己：「如果不跟這個人來往，真的會很困擾嗎？」有想要的東西時，就問自己：「如果沒有這件東西，真的會很困擾嗎？」諸如此類。我們很快就會察覺，沒有就會困擾的東西其實意外的少。把沒有也不會造成困擾的東西一個個扔掉，我們的心情很快就會舒暢起來，奇妙的堅持也會跟著消失，活得更輕鬆愉快。

88

不要從「外部」尋找答案

所有答案
都在你心裡

難以判斷的時候，就詢問「另一個自己」

假設有個習慣「早睡早起」的人，被平常總是很照顧自己的前輩拜託：「明天晚上九點到十二點可不可以幫我代班？」這時，應該要重視自己對於前輩的道義，改變自己一直以來的生活習慣？還是因為早睡早起是自己不可動搖的生活習慣，所以拒絕？很難做出判斷吧。此時，「自問自答」的重要性就顯現出來。

我們的商量對象是在自己心中的「另一個自己」——沒有私欲、執著和損益得失，擁有最純淨內心的「原本的自己」。

那麼「另一個自己」會怎麼回答呢？如果他說：「生活模式被打亂真的很討厭！對前輩的人情道義可以用其他方法來實現，晚上的打工還是拒絕吧！」我們便聽他的話。如果他說的是：「對自己來說，前輩的人情道義比早睡早起重要的多！」我們也照做。不管怎麼樣，透過自問自答可以避免自己做出違背心意的事。因此，「難以判斷的時候就自問自答」吧！

89

幫自己不好的衝動「踩剎車」

藉由「坐禪」
與「另一個自己」對話

一天一次，騰出靜心的時間

前面已經提過「坐禪」擁有讓內心平靜的效果，而這一節將更深入討論、思考坐禪到底是什麼。「坐禪」的「坐」字是「土」上面有兩個「人」，呈現出來的是現實生活中的自己，和最原始的「另一個自己」進行對話的模樣。也就是說，「坐禪」就是「兩個自己」冷靜坐在一起，面對面進行討論。

一般情況下，我們明知道「這種事情不能做」，卻還是會忍不住去做。這時的「坐禪時間」就可以幫忙我們踩煞車，讓自己「等等」，由真正的自己來阻止現實的自己做出不該做的事。

大多數忙碌的現代人都沒有自問自答的時間，但是每天騰出一段靜心的時間，實是非常重要。

和他人相處時，要時時記得「另一個自己」，並把「另一個自己」拉攏成夥伴，那麼迷惑和煩惱就會煙消雲散，才能暢快的走在人生大道上。

90

與其想東想西，不如先採取行動

讓事情變順利的方法

如何踏出「第一步」

有一種情況是，當你準備寫稿子的時候，如果一直想著「該寫成什麼樣子好呢？」就會很難下筆寫出第一行。但是如果什麼都不想，先寫個三、四行出來，之後下筆就如有神助。

這或許是因為內心某處一直覺得「文章一定要有個帥氣的開頭」吧？然而比起猶豫再猶豫後才擠出來的文章，直接什麼都不想就先寫幾行字，然後再慢慢修改的文章，成效反而比較好。

不只是寫作，無論工作或日常生活，開始任何新事物的時候，都不要計較得失損益，先採取行動才是最重要的。

禪學的思考方式就是「立即行動」。行動之前不要一直搖擺不定的想著：「這件事情做了很累又沒有好處，還是別做了。可是若不做，又會被別人當成沒用的傢伙。」總之先踏出第一步，再視情況修正軌道，才能往更好的方向前進。

91

決定要做，就要做個半年

「半途而廢」最要不得

不要因為「新資訊」而搖擺不定

網路世界真的是「訊息氾濫」。

想看減重相關訊息時，就會跳出飲食、運動、副食品、醫療等各種主題，每個主題又延伸出更多的訊息。查尋訊息的途中，往往又因為「這個看起來不錯，那個好像也不錯」而眼花撩亂，所以沒辦法真正做出決定付諸行動。

因為選項太多，導致只要沒有立刻見效就斷定「這個沒用」，緊接著換下一種，就像看電視瘋狂轉台一樣，每種都嘗試一下，然後放棄。

無論哪一種方法，如果沒有持續一段時間就很難看出成效，只能說現代人的耐性真的不夠。

在網路資訊爆炸的時代，如果沒有掌握資訊的能力，行動就會跟不上。所以一旦找到「就是這個！」的資訊，就要果斷做出選擇，不要三心二意。至少觀察個半年後，再來確定是否真的有效。

92

如何消化「工作量」

工作絕對
「不要堆積」

「還沒動工」的工作是壓力源

相信很多上班族心中最大的壓力就是「非處理不可的工作一直堆著」。還沒動工的工作越是增加，就會驚慌失措的想著：「這個要趕快做完，那個也要趕快做完。」所以工作壓力也越來越大。

想要減輕這種壓力其實很簡單。把自己對於工作的想法，從「這個要趕快做完，那個也要趕快做完」改成「這個做完了，那個也做完了」就好。

最有效的做法就是把所有該做的工作列成一張清單，並加上截止日期，明確掌握優先順序。先處理快要到期的工作，然後在中間空檔插入每天的例行公事。如果出現一段比較長的空閒時間，就把截止日期還早的工作也一併提早處理。另外，每完成一件工作就把它從清單上畫掉，這樣做會更有幹勁，也會增加成就感。

工作絕對不要堆積，只要持續處理，就能減輕壓力。

93

接受偉人的薰陶

禪學的教誨——

「薰習」

如果希望「變得跟那個人一樣」

「想變得跟那個人一樣。」

相信每個人在公司內外，或多或少都會有仰慕的厲害前輩或上司。這是非常值得鼓勵的事，因為可以激起一個人向典範學習的動力。

從工作模式、待客方式到發生問題時該如何應對，以至於用字遣詞、穿衣風格、長相到所有物等，如果舉手投足真的可以變得和那個人一樣，豈不是太棒了嗎？這種情況在禪學裡又叫做「薰習」。

原本的意思是在收納衣物的時候，把一種名叫防蟲香的芬芳線香用紙包好放進衣櫥裡，讓香氣薰染衣服。線香散發的香氣轉移到衣服上後，下次穿就會覺得很舒服。我們彷彿可以從這句禪語本身感受到淡淡芬芳。而擁有這種香氣的人，和他在一起當然會覺得身心舒暢，所以要盡可能待在對方身邊，接受良好的感化，讓自己獲得成長。

94

真的撐不住時就順其自然

船到橋頭自然直

向良寬大師學習生活和死亡的方式

「逢災之時便逢災，將死之時即赴死，此即為避災之妙法。」這是日本良寬大師說過的話，指「人只要活著，就得老老實實接受無可避免的事象」。

人們總是希望「不要遇到災禍，不要有慘痛的回憶」，但是我們很難避免災難發生。

如果真的有意想不到的事情降臨在自己身上，學良寬大師一樣放開心胸，也不失為一種好方法。

良寬大師誕生在越後國（現在的日本新潟縣）出雲崎的名主之家，因為不適合擔任家中職業，十八歲時突然出家，二十二歲遇到人生中的導師，經過十二年的漫長修行，踏上漫遊諸國之旅。良寬大師一生中從未擁有自己的寺廟、妻小，日子過得非常辛酸，也正是因為這樣，才能培養出足以承受任何災禍的堅強。

95

遇到困難就笑吧

如何擺脫負面思考？

用歡笑驅散內心的霧霾

讓我來向各位介紹一休大師的一個小逸事。事情發生在一休大師八十七歲即將離世的時候，據說他留了一封信給弟子們，告訴他們：「將來如果遇到無法解決的困擾，就把這封信打開。」

過了幾年，弟子們真的遇到困擾至極的情況，想起師父當年留下的信。信中寫道：

「別擔心，沒問題，總會有辦法的。」

看到這麼簡單幾句話，弟子們全都愣住了，最後則是爆笑出聲，而笑聲也驅散了他們心中的霧霾，讓他們多了幾分可以冷靜處理問題的餘裕。

真不愧是一休大師，深知內心若是滿懷煩惱，視野就會變得狹隘，以至於誤判情勢，得不到好結果。

不管遇到什麼樣的困難，不管擔憂之事再怎麼多，只要心想：「總會有辦法的。」然後一笑置之，就能突破困境。

96

寫下名言佳句

讓「名言」成為

人生的打氣歌

有時「一句話」就能讓人生澈底翻轉

讀書、聽演講，或是和人說話時，經常可以吸收到許多了不起的含義。

「那個時候，是那句話給了我力量。」

「因為那句話，讓我的人生澈底翻轉。」

你是否也有過這樣的經驗？

名語佳句可以改變人的心情，創造出現實中的嶄新劇本，擁有左右人生的力量。

明明都已經接觸到如此有「魔力」的話語了，如果只是說聲：「這句話真不錯！」不覺得實在太浪費了嗎？

可以在聽到或看到的那一刻，用手機的記事功能記錄下來，放進提醒列表裡。

但是，「寫完就放著」當然沒有意義，要拿出來再三複習，想想當時看到這句話的內心感觸是什麼，藉此重新鼓舞自己。

97

每天都要前進，即使只有向前一步也好

「昨日的我」已成為了過去

每天都是嶄新的

禪僧的修行看起來很像每天都重複同樣的事情，實則不然。即使做同一件事，可能昨天還做不到，今天卻做到了，又或者是昨天沒發現的事，今天卻發現了。每天都有可能得到新的領悟，學到許多事情。持續累積幾個月、幾年甚至幾十年，我們的成熟魅力也會跟著增加，正如禪學所說的：「昨日今日不同。」

但是如果我們常常忽視「今天這一瞬間的感受」，就很難從中得到新的領悟，造成「每天像蓋章一樣不斷重複相同的事情，沒有一點收穫」，等回過神來，已經過了十年、二十年。

不要安於現狀，試著挑戰新事物，或是用不同於過去的處理方法完成工作。並且每天捫心自問：「今天做的事情，是否讓自己更進步了一些？」

98

全心投入

凡事講求盡心盡力

人是從「內心」開始衰老，所以——

我的父親在八十歲那年開始學彈鋼琴。不知道他從哪裡聽說活動手指可以預防老化，所以找了孫子一起拚命練習。我還記得他當時身穿燕尾服和一群小孩子站上發表會舞台的模樣，實在令人衷心佩服。

此外，檀家*那邊的太太也在過了五十歲後表示：「我想挑戰截至目前為止自己最不拿手的事。」她決定開始登山。聽說她很不常運動，所以一開始的練習是在平地上走路，後來在不知不覺中，爬山已難不倒她了。

這麼說來，日本藝術家岡本太郎好像也是過了六十歲才開始玩滑雪。由此可見，想要學習任何東西永遠都不嫌晚。

不要拿年齡當藉口，挑戰並沉迷於新事物是很棒的一件事，內心、人生都會非常充實。人是從內心開始衰老的，所以試著重拾童心，尋找能讓自己沉迷其中的事物吧！

*註：檀家，指屬於固定佛寺的信徒，以家族為單位，是日本佛教特有之制度。

國家圖書館出版品預行編目(CIP)資料

不完美，也很好：找回心靈能量，遇見更好的自己
/ 枡野俊明作；江宓蓁譯. -- 初版. -- 新北市：
世茂, 2021.01
面； 公分. --（銷售顧問金典；110）
ISBN 978-986-5408-37-4（平裝）

1.禪宗 2.生活指導

226.65 109014109

銷售顧問金典 110

不完美，也很好：
找回心靈能量，遇見更好的自己

作　　者／枡野俊明
譯　　者／江宓蓁
主　　編／楊鈺儀
責任編輯／李雁文
封面設計／走路花工作室
出 版 者／世茂出版有限公司
負 責 人／簡泰雄
地　　址／（231）新北市新店區民生路 19 號 5 樓
電　　話／（02）2218-3277
傳　　真／（02）2218-3239（訂書專線）
劃撥帳號／ 19911841
戶　　名／世茂出版有限公司 單次郵購總金額未滿 500 元（含），請加 60 元掛號費
酷 書 網／ www.coolbooks.com.tw
排版製版／辰皓國際出版製作有限公司
印　　刷／傳興彩色印刷有限公司
初版一刷／ 2021 年 01 月

I S B N ／ 978-986-5408-37-4
定　　價／ 320 元